Nietzsche

Coleção **PASSO-A-PASSO**

CIÊNCIAS SOCIAIS PASSO-A-PASSO
Direção: Celso Castro

FILOSOFIA PASSO-A-PASSO
Direção: Denis L. Rosenfield

PSICANÁLISE PASSO-A-PASSO
Direção: Marco Antonio Coutinho Jorge

Ver lista de títulos no final do volume

Nelson Boeira

Nietzsche

2ª edição

Jorge Zahar Editor
Rio de Janeiro

Ao Paulo Sérgio
e aos amigos de segunda-feira

Copyright © 2002, Nelson Boeira

Copyright desta edição © 2004:
Jorge Zahar Editor Ltda.
rua México 31 sobreloja
20031-144 Rio de Janeiro, RJ
tel.: (21) 2240-0226 / fax: (21) 2262-5123
e-mail: jze@zahar.com.br
site: www.zahar.com.br

Todos os direitos reservados.
A reprodução não-autorizada desta publicação, no todo
ou em parte, constitui violação de direitos autorais. (Lei 9.610/98)

Capa: Sérgio Campante

Composição eletrônica: TopTextos Edições Gráficas Ltda
Impressão: Cromosete Gráfica e Editora

CIP-Brasil. Catalogação-na-fonte
Sindicato Nacional dos Editores de Livros, RJ.

Boeira, Nelson

B655n   Nietzsche / Nelson Boeira. — 2.ed. — Rio de Janeiro:
2.ed.   Jorge Zahar Ed., 2004

(Filosofia passo-a-passo)

Inclui bibliografia
ISBN 85-7110-633-9

1. Nietzsche, Friedrich Wilhelm, 1844-1900. 2. Filosofia alemã. I. Título. II. Série.

CDD 193
04-1905   CDU 1 (430)

Sumário

A vida antes da obra	7
Da filologia à filosofia como ótica de vida	11
O conhecimento como aurora e jovialidade	21
A obra como promessa de saúde	36
Culminação e colapso	50
Seleção de textos	56
Cronologia das obras de Nietzsche	66
Referências e fontes	67
Leituras recomendadas	68
Sobre o autor	71

A vida antes da obra

Nietzsche nasceu em Röcken, pequena cidade próxima a Leipzig, em 15 de outubro de 1844 e foi batizado Friedrich Wilhelm, em homenagem ao rei da Prússia. Neste mesmo ano, em Paris, Auguste Comte publicava o seu "Discurso sobre o espírito positivo" e Marx e Engels davam início a sua longa amizade e profícua colaboração intelectual. Na Alemanha, vinha à luz a segunda edição de *O mundo como vontade e representação,* de Arthur Schopenhauer, livro decisivo na formação filosófica de Nietzsche. Esses e outros acontecimentos culturais passaram ao largo da pacífica casa paroquial, cercada de pequenas propriedades rurais, em que viviam o pastor luterano Karl Ludwig Nietzsche e sua mulher Franziska, pais do filósofo.

Nascido em uma família com históricas ligações com a Igreja luterana — seus avós paterno e materno eram pastores, assim como numerosos outros antepassados de sua mãe —, o pequeno Nietzsche teve a tranqüilidade e a proteção familiar de seus primeiros anos interrompida pela morte de seu pai em 1848, aos 36 anos de idade. Poucos meses depois, falecia Joseph, seu irmão caçula. Durante os dez anos seguintes Nietzsche viveria em companhia de sua mãe e de sua irmã, Elizabeth, dois anos mais moça que ele.

Em 1850 a viúva Nietzsche mudou-se para Naumburg, onde Friedrich iniciou seus estudos, desenvolveu o gosto e o talento musical que herdara do pai e teve seu primeiro contato com a grande literatura alemã, através das *Novelas*, de Goethe. Aos 12 anos, registrou em seu diário suas primeiras tentativas como compositor e poeta. Nesse mesmo ano, graças a uma bolsa, iniciou seus estudos na Landesschule em Pforta, então o mais prestigioso internato protestante da Alemanha.

Em Pforta, sob uma disciplina estrita e nove horas de aula diárias, Nietzsche recebeu uma sólida educação em língua e literatura grega e latina. Revelou-se um aluno talentoso em alemão e estudos bíblicos, mas um péssimo aluno de matemática. Seu desempenho em hebraico e línguas modernas foi medíocre. Em 1860, com amigos de infância de Naumburg, criou uma sociedade lítero-musical denominada "Germania", em cujas reuniões apresentou peças musicais, poemas e ensaios de sua lavra. Na literatura, seus interesses e leituras estavam então voltados para a mitologia nórdica, Shakespeare, Byron, Lessing, Goethe, Schiller e acima de tudo, Hölderlin.

Na Páscoa de 1861 recebeu sua confirmação na Igreja luterana, mas apenas um ano depois deu por definitivamente interrompidos seus vínculos com a religião, que passara a considerar "um produto da infantilidade humana". Dois anos mais tarde, em 1864, concluiu seus estudos secundários, apresentando um trabalho em latim sobre o poeta

Teógnis de Megara, estudo filológico muito apreciado por seus professores.

Em outubro de 1864, aos 20 anos, Nietzsche matriculou-se na Universidade de Bonn para estudar teologia e filologia e ingressou na sociedade estudantil "Franconia", na qual alcançou algum prestígio como improvisador ao piano, provocou um duelo de espadas com a intenção de adquirir uma cicatriz e revelou-se avesso à principal diversão estudantil de então, a bebedeira.

Meses depois de chegar a Bonn, Nietzsche decidiu abandonar seus estudos de teologia. Ao escrever sobre essa decisão, Nietzsche considerou o conforto e a segurança emocionais trazidos pela fé como bases inaceitáveis para uma crença. Para ele, o verdadeiro estudioso deveria ser indiferente à "paz da alma e à felicidade": "Não é o verdadeiro investigador totalmente indiferente aos resultados que possam advir de suas investigações? Pois, quando investigamos, estamos por acaso buscando descanso, paz, felicidade? Não! apenas a verdade, mesmo que ela seja, no mais alto grau, feia e repelente."

Em 1865, Nietzsche transferiu-se para a Universidade de Leipzig, acompanhando seu mestre, o filólogo Friedrich Ritschl. Ali fundou com mais três colegas a Sociedade de Filologia de Leipzig. Uma de suas palestras na sociedade, uma versão ampliada de seu trabalho de conclusão em Pforta, chamou a atenção de Ritschl por sua originalidade e pelo talento de seu autor para a filologia clássica. Estimulado por seu professor, publicou nos três anos seguintes vários trabalhos filológicos em revistas eruditas, construindo uma boa reputação acadêmica.

Em 1867 interrompeu seus estudos para prestar serviço militar, um ano após a retumbante vitória prussiana contra o Império Austro-Húngaro que levaria à criação formal do Segundo Reich em 1871. Seis meses depois sofreu um grave acidente durante exercícios de equitação, o que lhe valeu um mês de hospitalização, uma promoção a cabo e uma dispensa do serviço ativo.

No final de 1868, de volta à universidade em Leipzig, descontente com a filologia — no seu juízo de então, o "estudo mal humorado de livros mortos" —, Nietzsche considerou por algum tempo a idéia de interromper seus estudos e passar um ano em Paris para provar do "divino *cancan* e do veneno amarelo, o absinto". Manifestou também ao amigo Erwin Rohde, a quem convidara para a empreitada parisiense, o desejo de se dedicar seriamente ao estudo das ciências, área do conhecimento em que lamentava sua ignorância.

No início de 1869 recebeu um convite para ser professor de filologia clássica na Universidade de Basiléia. O convite fora feito por sugestão de Ritschl, graças a cuja influência Nietzsche obtivera o doutorado em Leipzig, sem prestar exames e com base apenas em seus trabalhos filológicos previamente publicados.

Nietzsche chegou a Basiléia no início de 1869. Deixara para trás, informou a um amigo, "a idade de ouro da atividade livre e desimpedida", e se submeteria agora "à severa deusa dos deveres diários", decidido a ser mais do que "um capataz de filólogos eficientes".

Da filologia à filosofia como ótica de vida

Os relatos de alunos de Nietzsche sugerem que ele era um professor de grandes dotes, nada convencional, capaz de despertar um vivo interesse por suas preleções. À margem de seu trabalho docente, travou conhecimento com o professor de teologia Franz Overbeck, com quem estabeleceu estreita amizade, que se manteria sólida pelo resto de sua vida. Overbeck se somou à diminuta lista de amigos de Nietzsche, que então incluía Paul Deussen, colega em Pforta e Bonn, mais tarde um respeitado erudito sobre religiões orientais, Erwin Rohde, colega em Leipzig que alcançaria renome por seus trabalhos sobre cultura grega, e Carl von Gersdorff, amigo dos tempos da sociedade Germania.

Durante sua estadia em Basiléia, Nietzsche viu sua saúde se deteriorar. Até junho de 1879, quando aposentou-se, enfrentou dores de cabeça sempre mais freqüentes e intensas, em geral acompanhadas de crises de vômito que podiam durar dias, deixando-o extenuado e incapaz de qualquer esforço intelectual. Além disso, desenvolveu uma miopia que, com o passar dos anos, o haveria de impedir de ler durante muitas horas seguidas. Em pelo menos duas ocasiões esteve afastado de suas atividades por longos períodos, em licença para tratamento de saúde.

Os anos em Basiléia foram de transição da filologia para a filosofia, voltados para a identificação dos grandes temas que marcariam seu pensamento filosófico. Essa definição intelectual fez uso de três fontes de influência: a teoria da vontade de Schopenhauer, as concepções musicais e culturais de Richard Wagner e a interpretação do materialismo e do darwinismo, absorvida na leitura do neokantiano Friedrich Lange. Essas influências foram processadas de modo individual e criativo, e redefinidas a partir de uma concepção pessoal sobre a cultura grega.

O primeiro resultado dessa elaboração foi o livro *O nascimento da tragédia ou Helenismo e pessimismo* (1872). Como todo texto criativo e inovador, foi e continua sendo objeto de muitas leituras, escandidas de acordo com os aspectos do pensamento de Nietzsche que se deseja destacar. *O nascimento da tragédia* contém uma interpretação sobre as linhas de força presentes na arte grega, uma teoria sobre o drama ático, uma concepção sobre o desenvolvimento da filosofia a partir de Sócrates, um juízo sobre as possibilidades de recuperação da cultura moderna a partir da cultura dos antigos, afora inúmeras observações sobre temas afins.

O nascimento da tragédia está dividido em duas partes aparentemente estanques: uma interpretação da origem da tragédia grega e uma defesa dos ideais musicais de Wagner. A primeira parte pode ser lida como uma explicação do papel que a arte desempenha na estruturação e na valorização da experiência humana, com base em uma distinção entre duas disposições fundamentais do ser humano: a apolínea e a dionisíaca. Estes dois princípios são também apresentados como princípios ontológicos fundamentais, isto é, como componentes primários da realidade.

Em linhas gerais, o princípio dionisíaco refere-se às forças anárquicas e indiferenciadas que compõem o fundo último da realidade, vistas como intensidades carentes de individualização que se dão como fluxo em tumulto, desordem e diferenciação permanente. No ser humano, essas intensidades (ou forças) são fonte de êxtase extremo, embriaguez e dispersão, na qual prazer e dor se misturam. Vividas sem a mediação de aparências, levam à desintegração.

O princípio apolíneo é a fonte de individuação e imposição de limites à potência indiferenciada do dionisíaco, uma astúcia artística que a arte grega mobilizava para submeter a diversidade anárquica da realidade e da experiência humana a uma forma — a uma aparência e dissimulação. Seu emprego permite a contemplação, a aceitação e a preservação das intensidades inscritas nas vivências dionisíacas, que, graças a essa transfiguração, tornam-se humanamente suportáveis. Nesse sentido, os dois princípios são tanto modos de conhecimento da realidade como modos de expressar as forças humanas primárias.

O reconhecimento do princípio dionisíaco, impulso criativo fundamental, requer a aceitação do sofrimento, da particularidade, do finito, do impreciso, da limitação, do mutável, de tudo enfim que acompanha necessariamente a intensidade, o êxtase, o prazer, a plenitude, a integração com a realidade etc. Ao negar o dionisíaco, nega-se a realidade tal como é, com seus rigores e benesses. O princípio apolíneo, ao sujeitar o dionisíaco a uma forma (artística), sem contudo negá-lo ou depreciá-lo, torna possível ao ser humano a convivência criativa com a plenitude da existência e suas vicissitudes. Por essa razão, a arte é vista como a atividade propriamente metafísica do homem, que, ao integrar esses dois princípios, dota a existência humana de um sentido em consonância com a estrutura da realidade.

A primeira parte do livro redefine conceitos hauridos em Schopenhauer, como, por exemplo, a dicotomia vontade e representação, a idéia da vida humana como sofrimento e a preeminência da vontade sobre o intelecto. Contudo, Nietzsche recusa o pessimismo radical e a anulação da vontade propostas por Schopenhauer, sustentando, em oposição, uma valorização da vida humana que não recusa as "limitações" desta.

A segunda parte do livro atribui às obras musicais de Wagner uma recriação moderna do ideal da tragédia grega, isto é, uma nova síntese do apolíneo e do dionisíaco, e as apresenta como um caminho para a recuperação da cultura alemã através da arte. A música wagneriana é apresentada como um antídoto positivo ao racionalismo moderno, oposto às forças instintivas do ser humano. Com tal comparação, Nietzsche sugere a relevância da cultura grega trágica para a cultura alemã de sua época.

Inicialmente ignorado, o livro foi mais tarde criticado por combinar um estudo científico e uma defesa dos ideais wagnerianos. O reputado filólogo Wilamowitz-Möllendorff atacou a obra como pouco científica e carregada de graves erros e imprecisões. O que os críticos não viram é que se tratava de um livro de filosofia, no qual a precisão dos juízos históricos desempenhava papel secundário, se não irrelevante. Desenhava-se nele uma forma de fazer filosofia distinta da tradição moderna da disciplina. E não porque Nietzsche fosse avesso à radicalidade da indagação filosófica ou ignorasse sua dimensão técnica, mas porque desejava formular questões filosóficas a partir de um método e um estilo inteiramente novos.

Seu livro seguinte, *Considerações extemporâneas*, foi publicado entre 1873 e 1876. Três de seus ensaios, "David Strauss, o apóstolo e o escritor" (1873), "Schopenhauer como educador" (1874) e "Wagner em Bayreuth" (1876), representam um acerto de contas com dívidas e influências intelectuais anteriores. Um quarto ensaio, "Da utilidade e desvantagem da história para a vida" (1874), versa sobre a relevância da consciência histórica para o surgimento de tipos humanos superiores, criticando a forma que aquela assumira no século XIX, apresentando-a como um sintoma de decadência. Menciona três formas de historiografia possíveis, às quais correspondem três atitudes humanas com relação à história: a antiquária, a crítica e a monumental.

A primeira corresponde ao ser humano que vive preso ao passado, acorrentado pela tradição, em uma forma de vida que repousa inteiramente na memória, avessa ao presente. A segunda, a atitude crítica, volta-se para o presente e utiliza os conhecimentos históricos sobre o passado para avaliar o valor da experiência humana atual. A terceira postura, a da história monumental, corresponde a uma orientação humana voltada para o futuro, na qual se sublinha a biografia e a criatividade dos grandes homens, capazes de enormes esforços e sacrifícios por seus ideais, e com isso em condições de definir "o horizonte humano" da sociedade em que vivem.

É exatamente esse horizonte, quando dotado de um projeto de futuro, que permite aos seres humanos escapar à mediocridade, ao sem sentido e à esterilidade. Sem essa orientação para o futuro — projeção de ideais mais plenos e avançados — a história tende a cair numa "idolatria do factual" ou numa desvalorização do presente. "O objetivo da humanidade", diz Nietzsche, não está no fim da história ou da evolução, como sugerem Hegel e Darwin, "mas apenas nos [na criação de] espécimes [humanos] *mais elevados*".

Um segundo ensaio é dedicado ao teólogo David Strauss, autor de livro de imenso sucesso, *A velha e a nova fé*, uma defesa de uma concepção de mundo cientificista, materialista e darwinista, aliada a uma valorização da cultura alemã e do patriotismo. Nietzsche o denuncia pela contradição entre uma defesa (louvável) da perspectiva científica (o darwinismo) e a reiteração acrítica de uma moralidade ainda fundada no cristianismo. Contudo, o alvo dessa diatribe é a estreiteza do espírito alemão da época, passivamente aceito por Strauss. Para Nietzsche, a cultura alemã, esse "tumulto de todos os estilos possíveis e imagináveis", caracterizava-se pela satisfação com o lugar-comum e pela "deificação do sucesso" militar.

O ensaio sobre Schopenhauer é uma meditação sobre a filosofia de sua época — que, segundo Nietzsche, tornara-se indiferente às tarefas de auto-aperfeiçoamento da vida humana — e uma defesa da coragem, probidade e radicalidade com que o autor de *O mundo como vontade e representação* levara avante seu compromisso com a verdade e a filosofia, mesmo à custa de grande sofrimento e solidão.

O ensaio sobre Wagner, mais tarde repudiado, concentra-se na personalidade do músico, vista como expressão de qualidades humanas desejáveis. A força condutora da vida de Wagner era, segundo o filósofo, um desejo de "poder e intoxicação" transformado em criatividade artística. Para Nietzsche, as obras musicais wagnerianas sintetizavam o ideal trágico, a filosofia de Schopenhauer e os valores capazes de superar a indigência cultural de sua época.

Esse ideal artístico, ao recuperar os mitos fundadores da cultura alemã e harmonizá-los através da música, oferecia uma direção ética à nação alemã, isto é, uma alternativa à religião declinante e a uma cultura sem ideais. O sentido de tragédia clássica, recuperado por Wagner, era indispensável para que o homem contemporâneo pudesse livrar-se "da terrível angústia que a morte e o tempo evocam no indivíduo" e "consagrar-se a algo superior a si mesmo", objetivo sem o qual a vida humana carece de valor. Anos mais tarde, Nietzsche lamentaria ter-se deixado enganar por Wagner e sua "música da decadência", identificando nela uma forma de concessão aos ideais cristãos, um elogio ao nacionalismo alemão e uma submissão ao gosto artístico dominante, além de "uma vontade pessoal obscura, que ansiava insaciavelmente por poder e fama".

Os anos entre 1872 e 1876 definiriam o padrão que marcaria a vida de Nietzsche até seu colapso mental em 1889: contato com um número limitado de amigos com os quais podia partilhar suas idéias, crises de saúde, estadias em lugares tranqüilos para a recuperação de suas forças e, até 1879, semestres de aula em Basiléia. Dos amigos conquistados nesses anos, dois merecem especial referência: Paul Rée, que freqüentara as preleções de Nietzsche sobre os filósofos pré-socráticos em Basiléia, e Heinrich Köselitz, jovem músico de recursos artísticos limitados, mais tarde conhecido pelo pseudônimo de Peter Gast.

As idéias filosóficas de Paul Rée, expostas em *Observações psicológicas* (1875) e *A origem das sensações morais* (1877), marcaram profundamente o pensamento de Nietzsche, a ponto de este ter se definido, em 1878, como um "réelista". De um lado, Rée defendia a relevância de uma abordagem psicológica para o tratamento dos problemas filosóficos. De outro, Rée sustentava que os fenômenos religiosos podiam ser examinados a partir de sua origem psicológica, isto é, como *interpretações* da experiência motivadas pelos traços fundamentais da psicologia dos seres humanos. Por sua vez, a moralidade, com seus juízos a respeito do certo e do errado, devia ser vista como resultado de convenções e costumes e não como produto de uma faculdade moral. Essas duas linhas de investigação seriam mais tarde elaboradas e expandidas por Nietzsche.

A relação de Peter Gast com Nietzsche seria marcada por uma extrema dedicação do músico ao filósofo. Sem o auxílio de Gast, que copiava regularmente os originais do amigo — quase ilegíveis à medida que sua visão se deteriorava —, Nietzsche dificilmente teria tido condições de encaminhá-los para publicação. Durante todo o percurso dessa amizade, Gast sempre acorreu em ajuda do amigo, quando se fez necessário.

No início de 1877, Nietzsche confessou a Overbeck que finalmente dera-se conta, com "perfeita clareza", de que "no longo prazo uma vida acadêmica é para ... [ele] ... impossível". Antes que tal profecia se cumprisse, Nietzsche publicou, *Humano, demasiado humano* (1878), o primeiro de seus livros cujo estilo de expressão é o aforismo. Esse livro receberia mais tarde dois adendos: *Miscelânea de opiniões e sentenças* (1879) e *O andarilho e sua sombra* (1880).

Sinal de crise e reconhecimento de um novo caminho, o livro começa por um diagnóstico sobre o estado presente da filosofia e pela defesa de um novo método para tratar de suas questões. Esse diagnóstico é realizado por um "espírito livre", isto é, com uma postura intelectual de honestidade radical, independência de opiniões e irreverência crítica, descompromissado com as crenças religiosas e os valores da cultura de sua época. Nele, Nietzsche propõe, por oposição a uma "filosofia metafísica", uma "filosofia histórica, que não se pode mais conceber como distinta da ciência natural, o mais novo dos métodos filosóficos ... Tudo o que necessitamos, e que somente agora nos pode ser dado, graças ao nível atual de cada ciência, é uma *química* das representações e sentimentos morais, religiosos e estéticos, assim como de todas as emoções que experimentamos nas grandes e pequenas relações da cultura e da sociedade ..."

Essa valorização da ciência corrige o ponto de vista do *Nascimento da tragédia*, no qual ela aparece em oposição à arte e aos impulsos vitais do homem. Agora, ao contrário, ciência, filosofia e arte são consideradas capazes de gerar ilusões "criadoras" que promovem formas mais elevadas de vida humana. Além disso, em *Humano, demasiado humano*, Nietzsche vale-se da ciência para criticar a concepção metafísica do homem, que define o indivíduo e o sentido de suas ações por propriedades transcendentes e atemporais (como "alma", "razão", "espírito", por exemplo), desprezando as qualidades naturais do homem, sua dimensão temporal e sua inserção no mundo sensível. A esta altura, ciência significa para Nietzsche antes de tudo um instrumento de crítica e desmascaramento do caráter ilusório de crenças religiosas e filosóficas presentes na cultura do século XIX.

Os filósofos, por exemplo, partem da "configuração mais recente do homem", tributária de determinados valores morais historicamente localizados, e a tomam como a expressão de uma natureza inalterável, capaz de "fornecer uma chave para a compreensão do mundo em geral". Tratam, portanto, o ser humano como dotado de propriedades inalteráveis. Ora, o oposto é verdadeiro: "... tudo veio a ser; não existem fatos eternos: assim como não existem verdades absolutas. Portanto, o filosofar histórico é doravante necessário, e com ele a virtude da modéstia." O método histórico nos permite recuperar a natureza temporal de toda experiência humana, sem recorrer a pontos de apoio incondicionais e transcendentes.

Nietzsche defende ainda a adoção da explicação histórica para a compreensão dos fenômenos humanos. Para tanto, a explicação histórica deve associar-se a uma concepção particular do método filosófico. As ações e crenças humanas devem ser vistas como sintomas de disposições vitais "interessadas", como sublimações de expressões de vontades particulares. A filosofia deve reconstruir o nascimento, desenvolvimento e transformação das ações e crenças no seu percurso temporal.

Em setembro de 1877 Nietzsche retornou a Basiléia e retomou sua vida universitária. Na Páscoa de 1879, no entanto, sua saúde piorou, obrigando-o a transferir-se para Genebra, para um novo período de descanso e recuperação de forças. A partir de então, segundo um biógrafo, Nietzsche viveu em estado de "permanente colapso, torturado por uma crise atrás da outra, por dores de cabeça as mais aflitivas, com a visão paralisada pela dor e o estômago em constante revolta".

Em maio desse ano, Nietzsche solicitou dispensa de seus trabalhos acadêmicos e foi aposentado com uma pequena pensão, graças a qual sobreviveu, integralmente dedicado às intimações de sua reflexão, de hospedaria em hospedaria, de cidade em cidade, até 1889.

O conhecimento como aurora e jovialidade

Os anos seguintes foram de crescente solidão. Notícias de amigos, dando conta das recompensas da vida familiar e afetiva, reforçavam em Nietzsche a consciência de seu isolamento. Numa carta a Rohde, que lhe enviara a foto do filho recém-nascido, constatou que através dos amigos tinha acesso à sua própria solidão, como se eles lhe dissessem: "Amigo Frederico, agora você está *completamente só*! ... Que vida retirada e sem sentido eu vivo! Tão sozinho, solitário! Tão sem 'filhos'!" No entanto, nos obras de Nietzsche, tais referências ao sofrimento pessoal nunca são utilizadas como desculpa ou tema para a autocomiseração. O filósofo insiste sempre: "Mas deixemos [de lado] o sr. Nietzsche — que importa que o sr. Nietzsche esteja outra vez com saúde?"

Nietzsche distingue entre o sofrimento e a interpretação do sofrimento. Há uma dor que é própria da condição humana, da qual não escapa homem algum, seja ele atingido por maiores ou menores reveses nesta vida. Esse sofrimento pode resultar do infortúnio, do acaso ou das limitações que a realidade impõe a qualquer ser humano. Contudo, não significa uma imperfeição, mas parte constituinte da experiência humana, que em nada lhe retira o valor.

Há, no entanto, um segundo sofrimento, a dor autoinfligida. Nasce da interpretação que fazemos de nosso sofrimento primário ao tratá-lo como algo injusto e imerecido, como um sinal de desvalor ou culpa. Ao proceder assim, atribuímos a nós mesmos a responsabilidade por dores inevitáveis, como se fôssemos causadores das infelicidades "naturais" que sobre nós se abatem. Para Nietzsche, o que torna o sofrimento insuportável, doentio e apequenador não é a dor e as perdas que contém, mas a interpretação que fazemos dessa dor e dessas perdas. Do sofrimento enquanto parcela da vida não nos podemos "curar", mas podemos libertar-nos de *crenças doentias* sobre o sofrimento, do sofrimento como má consciência, como sublimação, como desvalorização da experiência humana.

A comparação que melhor ilustra essa postura frente aos dilaceramentos da existência é a do médico que observa sua própria doença para diagnosticar suas causas e definir o tratamento. Ao realizar essa operação, o médico — Nietzsche — não encara a si mesmo como vítima passiva da doença e nem faz da *doença* o quadro inteiro de sua vida. Pensa a doença como *acontecimento*, distinguindo nela o que é finitude e condição humana e o que é interpretação, crença e escolha. Em outras palavras, utiliza a doença pessoal para compreender a oposição entre vida doente e vida saudável. Doença e saúde tornam-se pontos de vista sobre a existência humana.

Nietzsche pergunta por quê — se o sofrimento é parte inescapável da condição humana — nós o consideramos como imperfeição. Constata que essa postura disfarça uma incapacidade de aceitar a realidade e as limitações inerentes à nossa condição finita e temporal.

Já em *O nascimento da tragédia* Nietzsche se questionara se esta é a única atitude humana possível, como nossa cultura cristã nos leva a supor. E respondera pela negativa, mostrando que a tragédia grega clássica revela uma outra atitude possível: o pessimismo da força, no qual a aceitação da fragilidade humana é uma manifestação de fortaleza — de um excesso de saúde —, uma disposição para viver a existência em toda sua plenitude, privação e disparidade. Portanto, a incapacidade de aceitar a fragilidade humana não deve ser vista como um traço imutável do ser humano, como destino insuperável, mas como fraqueza adquirida. Uma fraqueza que revela, em nós, a ascendência ou dominância de forças e impulsos contrários a vida.

Nietzsche, ao examinar a cultura e os valores da sociedade de sua época, identifica uma hipertrofia dessa fraqueza adquirida, um estado dominante na cultura e nas crenças mais distribuídas: o *niilismo*. Com o niilismo — descrença no valor de todos os valores, de todas as crenças e da própria existência humana — o homem ocidental já não se contenta em afirmar que o sofrimento revela a imperfeição da vida humana. Ou que a vida humana é constitutiva imperfeição, como desde Sócrates sustentaram os filósofos e, a partir de São Paulo, os cristãos.

O termo "niilismo" designa dois elementos distintos, mas conexos: de um lado, um longo processo de desenvolvimento e esgotamento progressivo de determinados pressupostos filosóficos, cuja formulação canônica encontra-se em Sócrates e Platão; de outro, a etapa final de uma crise de todos os valores até então tidos como supremos, culminação desse processo histórico. No plano estritamente filosófico, a *história* do niilismo se confunde com a série dos conceitos que orientou, desde a Grécia, o pensamento ocidental (eu, alma, Deus, mundo etc.)

Com a culminação do niilismo no século XIX, o homem deixa de acreditar na "salvação" da condição humana, seja através do conhecimento, da sujeição à moralidade ou da ascese religiosa. Passa a considerar toda a experiência humana não apenas como *sem sentido* em uma situação histórica particular, mas como carente de sentido em si mesma e em qualquer tempo histórico. Neste registro, o niilismo pode ser descrito como a descrença em todos os valores e ideais que já orientaram o ser humano ao longo da história e como o reconhecimento de que esse vazio de valores e ideais é resultado de uma longa e incurável enfermidade: "... o niilismo é então a tomada de consciência do longo *desperdício* de força, o tormento do 'em vão', a insegurança, a falta de ocasião para recrear-se de algum modo, de ainda repousar sobre algo — a vergonha de si mesmo, como quem se tivesse enganado por demasiado tempo."

Aurora, publicado em 1880 com o subtítulo de *Pensamentos sobre nossos preconceitos morais*, é o primeiro grande passo na formulação do diagnóstico dessa doença, o niilismo. Esse diagnóstico parte de uma descoberta fundamental, que recorda uma anotação de 1810 das *Particularidades autobiográficas*, de Goethe: "em última instância, tudo é ético." A doença de nossa cultura e de nossos costumes, como tudo o mais que diz respeito ao ser humano, deve ser examinada sob o ângulo da moralidade. Para Nietzsche, moralidade significa conformação e avaliação da conduta humana a partir de valores. Moralidade refere-se ao fato de, quando pensamos ou agimos, projetarmos uma avaliação a respeito de nós mesmos e do que nos cerca. Viver, em todas as suas formas, é sempre e constantemente avaliar, julgar e hierarquizar de acordo com algum parâmetro ou valor.

Com esta idéia, Nietzsche propõe que invertamos a interpretação canônica da hierarquia entre as áreas da filosofia e do pensamento em geral, hierarquia na qual a moral é a serva da metafísica. Na história da filosofia e no pensamento ocidental a moralidade é deduzida ou justificada a partir de uma determinada descrição da estrutura da realidade e do ser humano. Somente depois de descrever os tipos de seres e fenômenos que existem e as relações que entretêm entre si é que podemos derivar, dessa descrição, um conjunto de regras para orientar a condução de nossas vidas. Nossas normas sobre o certo e o errado, sobre o mal e o bem, são apresentadas como uma conseqüência da "natureza das coisas". Seguir tais normas equivale, portanto, a ajustar-se ao "mundo" tal como ele é.

Existem aqui dois erros, afirma Nietzsche. O primeiro deles é que não temos acesso a uma estrutura básica e estável da realidade que possamos considerar "verdadeira" por oposição a outras, estas "aparentes". Não podemos, portanto, produzir *uma* concepção privilegiada sobre o que existe, à exclusão de outras. Podemos, isso sim, interpretar parcelas das experiências e dos acontecimentos que se oferecem a nós, sempre a partir de certas avaliações, perspectivas ou orientações vitais. Sobre a estrutura da realidade podemos formar apenas *interpretações* parciais e cambiantes, insuficientes para formular regras de conduta de aplicação *universal* a todos os homens e circunstâncias, válidas em todo o território do *tempo*.

O segundo equívoco está em ignorar como se formam tais concepções ou interpretações. Por trás de uma interpretação qualquer está uma perspectiva a respeito do que deve ser promovido ou evitado, uma indicação de como devemos viver, uma avaliação, um juízo moral. Nietzsche não diz que interpretações sejam inúteis por não serem "verdadeiras" segundo algum padrão absoluto. Considera, por exemplo, a ciência moderna útil para promoção de certos fins humanos, do mesmo modo que a religião, para outros. O fundamento de toda interpretação da realidade é, portanto, uma "moral" — um conjunto de avaliações de condutas e de ideais de ação que visa promover uma certa hierarquia de forças vitais. Tal hierarquia, que orienta uma vontade e através dela se expressa, busca impor-se a outras vontades.

Por fim, Nietzsche chama a atenção para nosso desconhecimento da história das paixões e costumes humanos, conhecimento sem o qual não é possível uma interpretação da dimensão moral da existência humana: "Até aqui, tudo o que tem dado cor à existência não possui uma história. Onde encontraríamos uma história do amor, da ganância, da inveja, da consciência, da piedade, da crueldade?" Em suma, se de fato pouco ou nada sabemos sobre a experiência humana, como podemos interpretá-la?

Nietzsche constata que toda a cultura de sua época — na verdade, da história ocidental, desde o ocaso da concepção trágica da vida — está investida de uma determinada moralidade e de uma determinada concepção filosófica sobre a realidade. Observa que essa moral e essa metafísica nos induzem a considerar a própria existência como uma imperfeição, como algo de que devemos nos descartar. E pergunta: como chegamos a desacreditar de todos os valores e do valor da própria vida? Como chegamos a transformar nossa vontade em uma *vontade de nada*? Como chegamos ao niilismo?

Aurora dá início a uma arqueologia do enfraquecimento histórico da vontade de viver e afirmar-se. Parte desse esforço de escavação trata de responder à pergunta: o que é a moralidade? Não se trata, neste caso, de contrapor uma moralidade a outras moralidades, mas de examinar o modo pelo qual pensamos sobre questões morais.

O primeiro obstáculo a enfrentar é o fato de que, "até agora, foi sobre bem e mal que pior se meditou: foi sempre um assunto perigoso demais. A consciência, a boa reputação, o inferno, em certas circunstâncias a própria polícia, não permitiam e não permitem nenhuma imparcialidade; em presença da moral, justamente, como em face de toda a autoridade, não se deve pensar, e muito menos falar: aqui se — *obedece!*" A moralidade aparece a nós de uma forma tão impositiva que criticá-la parece desrespeito: "Desde que há mundo, nenhuma autoridade ainda teve boa vontade para se deixar tomar como objeto de crítica; e criticar logo a moral, tomar a moral como problema, como problemática: como? isso não era — isso não é — imoral?"

Contudo, a moral, a "Circe dos filósofos", não se apresenta apenas como incontestável. Ela seduz, ora atemorizando, ora prometendo. Nos atemoriza, sugerindo que seu desaparecimento — na verdade, o desaparecimento de *uma determinada* moral, de um conjunto particular de valores — leva à anarquia e à insegurança e, com isso, ameaça a estabilidade da existência humana. Por outro lado, alternativamente, a moral se apresenta como uma promessa de vida melhor, ou mesmo de vida perfeita — ainda que à custa da negação da experiência vivida — e, por isso, como a receita para algo desejável. Sê moral e serás melhor, serás feliz!

Entretanto, é preciso entender que Nietzsche recusa os fundamentos de *uma* concepção específica de moralidade — que se expressa através de várias teorias aparentemente distintas —, mas *não toda e qualquer* moralidade. Diz ele: "*Não* nego, como obviamente se deduz — pressuposto que não sou nenhum parvo —, que muitas ações que se chamam não-éticas devam ser combatidas, do mesmo modo que muitas que se chamam éticas devam ser feitas e propiciadas, mas penso, que em um caso como no outro, por *outros fundamentos do que até agora.*"

Existe ainda um terceiro obstáculo ao exame da moralidade. Embora uma ou outra forma de moralidade particular sempre tenha estado na base de nossos comportamentos e valores, o poder de impor obediência, próprio dos mandamentos morais, enfraqueceu-se no mundo moderno. Isso deve-se ao fato de que o costume e a tradição, antes aceitos como fonte legítima de orientação para a vida, deixaram gradativamente de desempenhar essa função em uma sociedade crescentemente regida pela razão e pelo livre exame.

"Em relação à maneira de viver de milênios inteiros da humanidade, vivemos nós, homens de agora, em um tempo bastante não-ético: a potência do costume está assombrosamente enfraquecida e o sentimento de eticidade anda tão refinado e tão transportado para as alturas que pode, do mesmo modo, ser designado como volatizado. Por isso, para nós, os tardiamente nascidos, as concepções fundamentais sobre a gênese da moral se tornam difíceis e, se apesar disso as encontramos, ficam-nos pegadas à língua e não querem sair: porque soam grosseiras! Ou porque parecem difamar a eticidade!"

Esta combinação de imposição, ameaça, promessa e volatilização da moral nos tem impedido, pensa Nietzsche, de formular as perguntas que realmente nos interessam. Em primeiro lugar, temos dificuldade de identificar o fundamento da moral — "*a obediência aos costumes*" —, pois, com o arrefecimento do poder de convicção dos costumes, a moralidade torna-se fantasmagórica para nós. Essa ignorância a respeito da origem da moral torna ainda mais difícil de formular questões como: que tipo de vida e ser humano é promovido pelos costumes e regras de uma determinada moralidade?

A seguir, Nietzsche trata de precisar os elementos a partir dos quais se formam nossas considerações morais. A esse respeito diz: "Nossos juízos morais e também nossas avaliações não passam de imagens e fantasias baseadas em processos *fisiológicos* desconhecidos para nós." Nossos costumes e hábitos sociais, traduzidos em regras e juízos morais, nascem de processos fisiológicos que expressam as necessidades de preservação e crescimento da espécie e da comunidade.

Uma vez que a moral não tem uma raiz transcendente (por exemplo, divina) e nossos juízos sobre o certo e o errado expressam necessidades da nossa vida pulsional e instintiva, torna-se imperativo reexaminar todo o nosso sistema de juízos e categorias morais. Para Nietzsche, o exame mais sumário revela que nossos juízos e categorias morais operam como regras de aplicação universal, que apenas muito indiretamente vinculamos à nossa vida instintiva. Por esse artifício, nossos sistemas de moralidade ocultam suas origens.

Que tipos de forças estão cristalizadas nas categorias morais dominantes de nossa enfraquecida moralidade? Nossas categorias morais expressam forças que promovem a afirmação da vida ou forças que sustentam sua negação? Respondida esta questão — as forças de negação preponderam —, segue-se uma outra tarefa, que Nietzsche enfrentará em suas obras posteriores: a criação de uma nova tábua de valores morais, compatíveis com os reclamos legítimos de nossa condição natural e finitude.

Referindo-se anos mais tarde à *Aurora*, Nietzsche dirá: "Com este livro começa minha campanha contra a moral." Na mesma época, em uma carta a seu médico, Nietzsche afirma que de há muito já teria se desfeito do fardo assustador da existência, "se não estivesse [então] realizando os testes e os experimentos mais instrutivos no campo moral e intelectual, *precisamente em um estado de sofrimento e renúncia quase completa*". E prossegue: "Essa *alegria* na busca do conhecimento me eleva a alturas nas quais *supero* todos os tormentos e toda a desesperança. No conjunto, *sou hoje mais feliz que em qualquer época anterior de minha vida*, e no entanto! Dores contínuas; durante muitas horas por dia uma sensação semelhante ao enjôo no mar; uma semiparalisia que torna difícil para mim falar, alternada com ataques violentos [de vômito] ..."

Essas e outras passagens de sua obra e correspondência atestam o quanto de alegria e esperança Nietzsche encontrava no seu esforço intelectual, que lhe anunciava uma "nova saúde", isto é, uma libertação da doença da moralidade e suas avaliações negativas sobre a existência humana. Seu sofrimento pessoal encontrara serventia; transmutarase em uma interpretação da experiência humana capaz para conduzi-lo para além do niilismo — para a criação de valores de aceitação plena das características da existência humana.

O livro seguinte, *A gaia ciência* (1882), traduz essa saúde conquistada pela reflexão na idéia de uma "ciência jovial". No mesmo texto formula, de maneira embrionária, os três grandes conceitos que marcarão as últimas obras de Nietzsche: o eterno retorno, a vontade de potência e o super-homem (ou o "além-do-homem"). Um quarto tema, apresentado como o signo do niilismo, diz respeito à "morte de Deus".

A idéia de uma "ciência gaia ou conhecimento alegre ou jovial" é antes insinuada que definida com clareza. Nietzsche examina a conexão e os compromissos existentes entre, de um lado, ciência e filosofia moderna, e de outro, cristianismo. Sugere que a atitude mental subjacente à atividade científica moderna é moldada por valores e expectativas derivadas da moralidade cristã e da metafísica platônica — por exemplo, o impulso à veracidade. Essa moralidade define igualmente nossos pressupostos filosóficos a respeito do conhecimento e das propriedades metafísicas da realidade que a ciência moderna utiliza. Nas regras de comportamento do cientista e nos pressupostos da ciência operam crenças que dificultam a "depuração de nossas opiniões e estimativas e a criação de novas e adequadas tábuas de valores". Até mesmo a ciência moderna deve libertar-se do cristianismo e da metafísica platônica que freqüentam suas entranhas. A gaia ciência busca ser um conhecimento liberto da moralidade e de seu desapreço ao que é vivo, mutável e finito.

Um conhecimento capaz de nos auxiliar na tarefa de depuração de opiniões morais e na criação de novos valores requer uma nova postura, que seja avessa à seriedade ascética do cientista e do filósofo. Sob essa seriedade oculta-se uma desconfiança profunda quanto ao valor da realidade e suas qualidades, desconfiança que se expressa, por exemplo, na intolerância para com a mutabilidade e multiplicidade infinita dos entes individuais. Tal atitude sustenta-se na noção de que o conhecimento da particularidade e do temporal é impossível: a idéia de que não há ciência possível do individual e do constantemente mutável.

Os homens de conhecimento podem desenvolver uma nova atitude valendo-se da arte. Parte dessa nova postura supõe um abandono da seriedade científica ou filosófica tradicional e o reconhecimento da fragilidade e instabilidade de nossas operações de conhecimento: "... temos que descansar temporariamente de nós, olhando-nos de cima e de longe, de uma distância artística, rindo *sobre* nós, ou chorando *sobre* nós: temos de descobrir o *herói*, assim como o *parvo*, que reside em nossa paixão do conhecimento, temos de alegrar-nos vez por outra com nossa tolice, para podermos continuar alegres com nossa sabedoria!" O reconhecimento de diferentes perspectivas sobre o mesmo fenômeno permite ao homem de conhecimento reconhecer, com alegria e jovialidade, isto é, sem desprezar, os limites de sua capacidade de cognição da realidade.

Ao lado dessa reforma das atitudes, "a ciência alegre" deve realizar uma ampla revisão dos pressupostos metafísicos que estreitam nossa concepção filosófica da realidade. Por exemplo: "Resguardemo-nos de pensar que o mundo seja um ser vivo. Para onde se expandiria? De que se alimentaria? Como poderia crescer e multiplicar-se? Sabemos aliás, mais ou menos, o que é o orgânico: e haveríamos de interpretar o indizivelmente derivado, tardio e raro, contingente, que é só o que percebemos na crosta da Terra, como o essencial, o universal, o eterno, como fazem aqueles que denominam o todo um organismo? Isso me repugna."

Na mesma obra em que prega uma "ciência alegre", Nietzsche redige um obituário: "*Deus morreu!*" Com ele chama atenção para o acontecimento capital da história moderna, o passamento de nossa *concepção* de Deus e da *visão metafísica e moral* sobre a realidade que ela condensa. Trata-se aqui da morte do Deus cristão e das concepções de bem e mal que o acompanham, juntamente com o óbito da idéia de uma esfera transcendente e ideal, que se opõe ao mundo da nossa experiência sensível e o supera em realidade e valor. O conceito de Deus condensa em si a imagem de um mundo além do mundo terreno, dotado de propriedades eternas, imutáveis e perfeitas — definidas por contraste ao que é deste mundo e humano, isto é, o perecível, o instável e o precário.

Esse acontecimento — a morte de Deus — expressa uma crise espiritual sem precedentes e, ao mesmo tempo, uma promessa de libertação. Uma crise sem precedentes porque reflete o descrédito total ("a morte") do parâmetro a partir do qual, até aqui, atribuíamos valor ou desvalor às diferentes formas de vida e empreitadas do ser humano. Com a descrença nesse padrão ideal, ou seu desaparecimento, deixamos de ter uma medida para nossas avaliações. Passamos a considerar o mundo e a existência como carentes de valor, sem dar-nos conta de que o que desapareceu foi apenas nosso padrão de medida. Com o enfraquecimento do padrão, a própria capacidade do espírito humano é posta em dúvida. Contudo, essa crise traz em si uma oportunidade para o exercício do espírito humano sem as restrições impostas pelo parâmetro vencido.

Na sua obra seguinte, *Assim falou Zaratustra* (1883-85), Nietzsche dirá que "Deus é apenas uma suposição" a que em determinado período histórico recorremos. Com o esgotamento dessa suposição, abre-se a possibilidade de construir um novo sistema de valorações, afeito às realidades do ser humano finito e não a projeções ideais. No prólogo desse livro, o filósofo contrasta o que deve ser desprezado e o que deve ser exaltado na construção dos novos valores:

"Eu vos conclamo, irmãos, permanecei fiéis à terra e não acrediteis nos que vos falam de esperanças ultraterrenas! Não passam de envenenadores, conscientes ou não. São gente que despreza a vida, seres agonizantes, igualmente intoxicados, dos quais a terra se cansou. Que eles, pois, desapareçam!" E prossegue: "Outrora, a ofensa a Deus era a maior das ofensas, mas Deus está morto, e com ele morreram seus detratores. O terrível, agora, é injuriar a terra, pois seria dar mais valor às entranhas do insondável que ao sentido da terra!"

A obra como promessa de saúde

O início da redação de *Assim falou Zaratustra,* o livro mais conhecido de Nietzsche, coincidiu com o mais importante fracasso amoroso de sua vida — a bem da verdade, o único digno desse nome. No verão de 1882, uma amiga convidou Nietzsche para um temporada em sua casa em Roma. Lá o filósofo conheceu Lou (Louise) Salomé, jovem russa, então com 21 anos de idade, que lhe foi apresentada pelo amigo comum Paul Rée. Lou deixara a Rússia, em companhia de sua mãe, para estudar na Universidade de Zurique. Independente, intensa, decidida e avessa aos padrões de comportamento que a época prescrevia às mulheres, Lou pretendia — como de fato veio a ocorrer — tornar-se escritora. Nietzsche, que até então, aos 37 anos de idade, não tivera qualquer experiência afetiva séria, apaixonou-se por Lou, em quem viu, além das qualidades pessoais, uma alma capaz de partilhar as aventuras de seu pensamento.

Antes disso, Lou recebera uma proposta de casamento de Paul Rée, prontamente recusada. Em lugar disso, propôs a Rée que passassem a viver juntos como "irmão e irmã", dedicando-se ao estudo conjunto e à mútua emulação intelectual. Lou sugeriu ainda que um terceiro, Nietzsche, se juntasse a eles nesse projeto. Por sua vez, Nietzsche, pouco depois de conhecer a jovem russa, pediu-a em casamento, valendo-se para tanto da intermediação de Paul Rée. Também rejeitado, ainda assim aceitou com satisfação a proposta alternativa de uma vida em comum a três, platônica e dedicada aos estudos.

Nietzsche voltaria a insistir com sua proposta, para de novo vê-la recusada. Ainda uma vez pareceu aceitar a recusa, para em seguida afundar-se em profunda depressão e recriminações contra Paul Rée e Lou Salomé. As recriminações se intensificaram quando Nietzsche soube que o casal passara a viver junto em Berlim, o que o levou a enviar cartas a terceiros, denegrindo os dois antigos amigos.

Após esse rompimento, Nietzsche não voltou mais a encontrar-se com o casal. Com o passar do tempo, reconheceu que sua reação fora desmedida e, em grande parte, influenciada por intrigas da irmã Elizabeth. Nos anos seguintes, em uma ou outra ocasião, voltou a referir-se aos amigos perdidos sem ódio e até mesmo com afeto. No entanto, a partir desse rompimento, Nietzsche passou a conduzir sua vida pessoal segundo o conselho que oferecera em *A gaia ciência* para os que desejam dedicar-se seriamente às tarefas do pensamento: "Vive oculto para que possas viver para ti."

Entre os lugares nos quais Nietzsche cumpriu seus votos de reclusão constava o pequeno vilarejo de Sils-Maria, nos Alpes suíços, onde encontrou "a combinação de ar limpo, solidão e cenário grandioso" que julgava adequada ao seu trabalho e à conservação de sua saúde. Descobrir Sils-Maria, escreveu ele à irmã, foi "como se eu tivesse entrado na Terra Prometida". A partir de 1883, Nietzsche passou as temporadas de verão em Sils-Maria. Nas demais estações, circulou continuamente, nunca se detendo por mais de alguns de meses, por Leipzig, Turim, Veneza, Florença e Roma e outras tantas cidades. Durante essa existência errante e em condições de saúde muito desfavoráveis, produziu suas obras mais importantes — dez livros em oito anos, além das milhares de páginas que compõem seus escritos póstumos, ainda não integralmente publicados.

Entre essas obras, *Assim falou Zaratustra* ocupa um lugar especial. Por muitas razões, o livro desafia sínteses e definições apressadas (ou mesmo extensas). O personagem central, Zaratustra, se apresenta como um profeta que anuncia boas novas, antecipando a vinda de uma nova espécie de ser humano, o "super-homem".

Nesse livro, Nietzsche em nenhum momento recorre à apresentação de argumentos na forma filosófica tradicional, com refutações e demonstrações. Em lugar disso, oferece ao leitor a visão poética das conseqüências da "morte de Deus" e uma tipologia das formas humanas de reação a esse desaparecimento ("o último homem", "o homem que quer perecer", "o homem superior", o "super-homem" etc.). Ao longo dessa exposição, recheada de referências indiretas à história da filosofia e à religião cristã, o autor desenvolve desigualmente três concepções centrais: "o super-homem", "a vontade de potência" e "o eterno retorno".

Entre os comentadores de Nietzsche não há acordo sobre o significado desses conceitos. A menos controversa dessas noções parece ser a de "super-homem", que designa um ideal de ser humano ainda por surgir, condensando a mensagem que Zaratustra, seu profeta, vem trazer aos homens imersos no niilismo. O "super-homem", criador de seus próprios valores, inteiramente avesso a qualquer transcendência, na posse integral de suas forças e fiel à sua vontade de potência, viverá conciliado com seu corpo, com o incessante perecimento de tudo que existe e com o inevitável transcorrer do tempo.

O primeiro mandamento do "super-homem" é: "sê leal à terra!". Tal como tudo que habita a terra, o ser humano não possui qualquer propriedade que transcenda essa dimensão natural. O natural e o temporal no homem são vistos como "perfeitos" ou "completos", por oposição a visões religiosas ou filosóficas que os apresentam como signos da imperfeição ou do pecado. O "super-homem" é também um ser criador — e não criado, como sugerem o cristianismo e as religiões em geral — e no reconhecimento e exercício desse poder único de criação reside a sua saúde.

A afirmação dessa nova saúde, que traduz o contentamento com a precariedade e as benesses da condição finita, se faz através da "vontade de potência". O conceito de vontade de potência assenta-se na idéia de que o ser humano — na verdade, todo ser vivo ou capaz de transformação — é um conjunto de forças que lutam entre si para exercitar-se e afirmar-se. Em um organismo toda força busca impor-se a outras forças concorrentes. À relação de hierarquia que se estabelece entre essas forças Nietzsche chama "vontade".

Como afirma Deleuze, "vontade de potência" não significa simplesmente que uma vontade aspire à potência ou deseje dominar. A vontade de potência é o princípio criador que, através de uma vontade, uma hierarquia de forças, impõe uma direção e finalidade a uma parcela da realidade. A potência, por sua vez, é a força que se exprime através da vontade, isto é, segundo certa hierarquia.

As intensidades ou quantidades maiores ou menores do impulso para a afirmação das potências definem "vontades" mais ou menos fortes, capazes ou não de moldarem os seres e o mundo que as circundam. A afirmação de uma vontade de potência indica que a perspectiva e a finalidade dessa vontade prevaleceram, que uma hierarquia antes existente foi superada e que nova hierarquia passou a vigorar. A criação de novos valores resulta, igualmente, dessa imposição de novas perspectivas e finalidades, decorrente da afirmação de uma nova relação entre forças, isto é, de vontades antes carentes de plena expressão. O "super-homem" é apresentado como o ser humano no qual essa vontade de potência afirma-se com plenitude, como criadora de novos valores.

O niilismo pode ser visto como o último estágio do enfraquecimento da vontade de potência do ser humano, como uma paralisação de suas forças criativas, ou melhor, da predominância de forças reativas, imobilizantes. Esse enfraquecimento é estimulado e realimentado por interpretações sobre o ser humano e a realidade — com base na moralidade cristã e na metafísica ocidental — que expressam, cristalizam e potencializam essa morbidez, ao promoverem o desprezo do corpo, pelo mutável, pelo temporal, na verdade por tudo aquilo que no ser humano define suas *forças reais*. Por essa razão, o super-homem não pode surgir sem que antes o niilismo tenha se esgotado, isto é, sem que as maneiras de pensar e sentir que o sustentam tenham perdido sua força de orientação das condutas humanas. Sua forma de vida, portadora de outros valores, supõe conceitos e modos de sentir inteiramente novos.

O mais importante — e o mais controverso e obscuro — dos conceitos que Zaratustra vem anunciar é o do "eterno retorno". O conceito fora anunciado no aforismo 341 de *A gaia ciência*: "E se um dia ou uma noite um demônio se esgueirasse em tua mais solitária solidão e te dissesse: essa vida, assim como tu a vives agora e como a viveste, terá de vivê-la ainda uma vez e ainda inúmeras vezes; e não haverá nela nada de novo, cada dor e cada prazer e cada pensamento e suspiro e tudo o que há de indizivelmente pequeno e de grande em tua vida haverão de retornar, e tudo na mesma ordem e seqüência ..."

Em primeiro lugar, a idéia de um eterno retorno nos convida a um experimento mental: representar para nós mesmos o "mundo" — a totalidade dos seres — sem recorrer a qualquer instância metafísica, a um "mundo por trás deste mundo", um mundo "mais verdadeiro e mais real" do que o acessível à nossa experiência natural.

O "mundo" pensado como eterno retorno é realidade em constante mudança, sem causas nem finalidades, sem forças ou deuses que lhe imponham uma direção definida, à exclusão de outras. Com o eterno retorno, o "mundo" é pensado como entregue ao jogo infinito do tempo e à sucessão caótica de suas forças em luta por afirmação. Dado que o tempo é infinito e as formas de existência que a realidade é capaz de assumir são finitas, pode-se conceber que estas se repetirão indefinidamente e, portanto, retornarão perpetuamente, não importa quão grande seja sua diversidade e número.

Subjacente a esse experimento, está a idéia de que, dado o eterno retorno do mesmo, cada ocorrência particular de nossa existência supõe todas as ocorrências anteriores, inclusive suas versões prévias. Em outras palavras, suposto o eterno retorno, tanto nossas experiências positivas como negativas não poderiam deixar de ocorrer senão da maneira que ocorreram. Neste caso, cada momento de nossa existência implica toda a série de antecedentes passados que o tornaram possível (e também as séries futuras). Se assim é, não podemos seriamente desejar ou aprovar qualquer aspecto de nossa existência sem desejar igualmente todos os seus antecedentes.

Portanto, a aceitação de nossas experiências felizes implica na aceitação de nossas infelicidades, pois a aceitação de qualquer parcela de nossa existência supõe a aceitação de toda a nossa existência. Desejar que parcelas de nossa existência tivessem sido diferentes é desejar que o curso da realidade tenha sido distinto do que é ou do que foi. Isto seria desejar o impossível: negar a realidade.

Eis o *experimento moral* que Nietzsche nos convida a fazer: desejar viver como se cada momento de nossas vidas fosse retornar. *Amor fati*, amar o que nos acontece, desejando o nosso destino — esta é a indicação mais aguda de que, de fato, nossa vontade e nossas forças estão inteiramente investidas no que fazemos, coincidentes com o movimento da realidade.

"Minha fórmula para a grandeza no homem é o *amor fati*: nada querer diferente, seja para trás, seja para frente, seja em toda a eternidade. Não apenas suportar o necessário, menos ainda ocultá-lo — todo o idealismo é mendacidade ante o necessário — mas *amá-lo*." O amor pela totalidade de minha experiência deve, pois, derivar do meu reconhecimento e minha aceitação da realidade que a constitui. Devo mostrar apreço à realidade tal qual existe e existiu, pois ela é, nestes termos, a *única* fonte possível da experiência humana e, portanto, da plenitude humana possível. Qualquer forma de negação da realidade, direta ou indireta, expressa ou oculta, é uma negação do ser humano que efetivamente sou. Em outras palavras: é preciso estar à altura do que nos acontece.

Os escritos posteriores ao anúncio profético de Zaratustra representam esforços para esclarecer os pressupostos do projeto de transmutação de todos os valores encarnado pelo super-homem. O primeiro desses escritos, *Além do bem e do mal* (1886), ainda que centrado numa discussão sobre a natureza da vontade, trata de outros tantos temas distintos. O primeiro deles, na ordem de apresentação, é a oposição à filosofia que nasce dos "preconceitos dos filósofos", incapazes de reconhecer, ou interessados em ocultar, as forças instintivas das quais derivam suas teorias, apresentadas como constituídas apenas por um interesse racional.

Não é o "impulso ao conhecimento" que leva a filosofar, "mas sim um outro impulso", que se utiliza "do conhecimento (e da ignorância) como um simples instrumento. Quem examinar os impulsos básicos do homem, para ver até que ponto eles aqui teriam atuado como gênios (ou demônios, ou duendes) *inspiradores*, descobrirá que todos eles já fizeram filosofia alguma vez — e que cada um deles bem gostaria de se apresentar como finalidade última da existência e legítimo *senhor* dos outros impulsos. Pois todo o impulso ambiciona dominar: e *portanto* procura filosofar."

Se é assim, pergunta-se Nietzsche, que sentido há em afirmar que a filosofia e o conhecimento em geral buscam a verdade, "a célebre verdade que até agora todos os filósofos reverenciaram"? *Quem*, realmente nos coloca questões? O *quê*, em nós, aspira realmente *à verdade*? ... Nós questionamos o valor dessa verdade. Certo, queremos a verdade: mas por que não, de preferência, a inverdade? Ou a incerteza? Ou mesmo a insciência?"

Nietzsche assinala que o conceito de verdade deve ser associado a uma *vontade* que é própria de quem conhece, e não, como supõe a metafísica, de uma estrutura, processo ou princípio, cuja "descoberta" nos daria acesso ao conteúdo do "verdadeiro". O conceito de verdade, *como um padrão exterior, impessoal e independente de uma vontade* — que descobrimos como distinto das "aparências do mundo" e a partir do qual consideramos possível "julgar" ou "compreender" a realidade na sua multiplicidade e mutação — é um engano e um engodo.

Quando fala de conhecimentos verdadeiros, o filósofo está se referindo a um "mundo criado à sua imagem ... a filosofia é esse impulso tirânico mesmo, a mais espiritual vontade de potência, de 'criação de mundo', de *causa prima* [causa primeira]." A tarefa legítima do filósofo é a de "comandante e legislador". "Seu 'conhecer' é criar, seu criar é legislar, sua vontade de verdade é — *vontade de potência*." Uma crença "verdadeira" é a expressão de uma vontade que soube se afirmar, legislar, comandar — atribuir valor a um certo desenho de mundo e a determinadas condutas humanas.

A par dessa teoria das relações entre vontade, conhecimento e verdade — aqui apenas sugerida — *Além do bem e do mal* submete a uma crítica os conceitos centrais da metafísica (ego, autoconsciência, vontade livre, causalidade etc.), enumerando as dívidas de cada um deles para com a forma específica de moralidade que o alimenta e, em última análise, com etapas da história do niilismo. Aos conceitos filosóficos secretados por moralidades declinantes, isto é, por formas de vida afeitas ao cristianismo, é preciso opor *um regime conceitual* que esteja para além do bem e do mal, para além da moral cristã.

Dois outros temas longamente examinados nesse livro — os mecanismos presentes na formação dos conceitos e das avaliações morais e a distinção entre moral nobre e moral servil — recebem tratamento detalhado em *A genealogia da moral* (1887). Nele o filósofo parte de uma idéia já apresentada em *A gaia ciência:* compreendemos pior a nós mesmos do que a qualquer outra coisa e compreendemos especialmente mal a nossa experiência presente. Nossos conceitos e idéias morais são particularmente obscuros para nós mesmos, embora os tomemos como auto-evidentes. Neles, confundimos a clareza contida no *ordenar* com o *conteúdo* da ordem contido em uma norma.

Para compreendê-los adequadamente é necessário adotar uma nova perspectiva de análise, a genealógica. Os conceitos possuem uma origem e um desenvolvimento — nascem, evoluem e se transformam. Em lugar de examinar os conceitos morais *prima facie*, como se fossem entidades acabadas e imutáveis, devemos identificar as circunstâncias humanas a partir das quais eles se formaram, cuidando sempre de não confundir sua origem com seu uso presente e tampouco sua origem com seus desenvolvimentos posteriores. Da origem dos conceitos morais ao seu uso presente existe uma sucessão de etapas e usos que é preciso reconstituir cuidadosamente.

Os sistemas morais se desenvolvem para responder às necessidades de sobrevivência dos agrupamentos humanos e, para esse fim, organizam e são organizados pelas forças existentes nos indivíduos. Mas, com o tempo, a utilidade inicial de uma moralidade pode desaparecer, embora suas normas permaneçam em vigor, sustentadas pelo costume ou pelas leis, conservando-se como obstáculos ao desenvolvimento de uma comunidade ou de um indivíduo. Em tais circunstâncias, a criação de uma nova moralidade impõe-se como condição de sobrevivência e afirmação.

Na *Genealogia*, Nietzsche nos chama atenção para *a origem* dos pressupostos de nosso sistema moral, contrastando dois tipos humanos básicos e suas necessidades: o "senhor" e o "escravo" (o "nobre" e o "plebeu"). Com esse contraste, Nietzsche ressalta os motivos que levam esses tipos a utilizarem de maneira distinta os conceitos de "bom" e "mau", isto é, os conceitos morais básicos. Esses usos diferenciados dos conceitos morais correspondem a dois *tipos* distintos de seres humanos ou formas de vida, dotadas de vontades e estruturas de motivação contrastantes.

O contraste entre as duas perspectivas morais básicas — a moralidade nobre e a moralidade escrava — é exposto com auxílio de três conceitos: o de *ressentimento*, o de *má consciência* e o de *ideal ascético*. Essas categorias são utilizadas para definir a reação do tipo servil ao tipo nobre e as etapas que conduzem à preponderância da moralidade servil.

Os nobres definem o que é "bom" a partir de si mesmos ("*o que eu faço é bom*"), de suas próprias características, de suas ações típicas: a paixão pela vida, a felicidade, a coragem, a afirmação de si mesmos, a confiança em sua superioridade, a abundância de potência e o sentido de valor pessoal. Uma moral verdadeiramente nobre é, pois, uma moral da auto-afirmação. Para o nobre, o oposto de "bom" é "ruim", "imperfeito", "incompleto", palavras que designam a ausência de suas próprias qualidades em um outro ser humano.

O escravo, de outra parte, não define o que é "bom" a partir de si mesmo, mas reativamente, por negação das qualidades do senhor: "*o que ele faz é mau*". Orgulho, força, afirmação, coragem etc. são ditas "más". Por contraposição, as qualidades contrárias às do senhor, isto é, as qualidades do próprio escravo, são ditas "boas". De modo que, para o escravo, ao contrário do senhor, o conceito moral chave é a noção negativa de "mau" e não a noção positiva de "bom".

O escravo pensa as categorias da moralidade a partir de sua própria fraqueza e impotência. Incapaz de aceitar sua condição real ou de lutar contra ela, ressente-se da força do tipo nobre, na qual vê espelhada sua impotência. Como, em razão de sua fraqueza e falta de confiança não consegue confrontar diretamente o nobre e seus valores, reage desvalorizando as qualidades deste, tratando-as como moralmente negativas, em um movimento de projeção. O escravo *ressente-se* do que a vida lhe oferece e do que ele mesmo considera-se capaz de fazer com ela, e vinga-se *simbolicamente*, desqualificando moralmente os que são capazes de afirmar suas vontades.

Para Nietzsche, o código moral do *tipo* humano servil está na raiz de nossas concepções presentes de moralidade. A ascendência desse código se tornou possível graças ao sacerdote, o "ideólogo" religioso, que, com o intuito de afirmar sua casta e seu modo de sentir, traduziu as reações do tipo humano servil em um sistema moral. Segundo essa *tipologia* histórica hipotética, o sacerdote convenceu o tipo nobre a aceitar a perspectiva do escravo, convencimento que supõe, entre outras coisas, um prévio enfraquecimento da vontade de potência do tipo nobre.

Com isso o nobre passa a julgar-se pelos padrões do escravo, que o considera "mau", passando a comportar-se tal como o escravo, isto é, contra seus impulsos, características e valores. "Proibido" pela moralidade escrava de expressar sua natureza afirmativa, volta suas forças contra si mesmo, tornando-se culpado, impotente e infeliz. O ódio que voltará contra si mesmo será proporcional às forças que terá de reprimir.

Na segunda dissertação da *Genealogia*, Nietzsche descreve como os resultados dessa agressão moral aos instintos se combina com a domesticação das pulsões humanas imposta pela vida em sociedade. Essa pacificação do *animal* humano deve, contudo, ser vista como um "desastre inevitável", como a gênese do sentido de obrigação e responsabilidade exigido pelas necessidades da vida em grupo. Sem esse sentido de obrigação, sem essa primeira "interiorização do homem", não seriam possíveis nem o ressentimento nem a moralidade escrava.

Com o aparecimento da perspectiva servil, essa primeira interiorização, fruto da sociabilidade correspondente ao estágio mais primitivo da consciência, torna-se ainda mais dolorosa. Agora, o ser humano tem de lidar com a autodepreciação moral, geradora de culpa. À dolorosa repressão dos instintos junta-se a introjeção, a desvalorização "subjetiva" das forças instintivas. O ser humano passa a considerar-se culpado pelo sofrimento que lhe causa a repressão de suas próprias forças, vistas como "más". Com isso, passa a considerar-se como o responsável por seu próprio sofrimento. (Contudo, a má consciência é também uma condição para o aperfeiçoamento humano, pois cria no ser humano a capacidade da idealização e da satisfação imaginária.)

A terceira parte da *Genealogia* examina como o ressentimento e a má consciência traduzem-se em um ideal de vida, o ideal ascético. Com o ascetismo passa-se de uma constatação, do "eu sofro", para uma atitude volitiva, o "eu quero sofrer", e para uma norma, uma sublimação: "querer sofrer é o moralmente correto". Assim se afirma, no plano espiritual, "o que a fraqueza realizou no plano dos instintos". O ascetismo toma várias formas — por exemplo, o filósofo, o artista, o cientista —, mas sua figura exemplar é o sacerdote, uma força propagadora da negação do que é vital que culminará no niilismo.

Culminação e colapso

Durante o ano de 1888 Nietzsche escreveu seis pequenos livros, todos publicados após seu colapso mental em janeiro de 1889: *Ditirambos a Dioniso*, *O caso Wagner*, *Nietzsche contra Wagner*, *O crepúsculo dos ídolos*, *O Anticristo* e *Ecce homo*. O primeiro deles contém poemas em verso livre, alguns dos quais remanescentes de *Assim falou Zaratustra*, definidos pelo autor como "as canções que Zaratustra ... cantava para si mesmo, para suportar sua última solidão".

O primeiro dos livros sobre Wagner apresenta, em estilo ácido e irônico, a música e a pessoa do compositor alemão como um paradigma da arte do século XIX e como exemplo acabado de niilismo e decadência. O segundo escrito, *Nietzsche contra Wagner*, é uma coletânea de escritos sobre o músico alemão, nos quais o filósofo contrasta suas próprias concepções com as de seu desafeto, atribuindo a corrupção das idéias originais de Wagner aos efeitos corrosivos do cristianismo sobre a cultura.

O crepúsculo dos ídolos ou como se filosofa a martelo, referência óbvia ao *Crepúsculo dos deuses* de Wagner, retoma e desenvolve temas tratados em obras anteriores. Em um dos capítulos, "O problema de Sócrates", Nietzsche associa as características individuais — físicas e emocionais — do filósofo grego, visto como um *tipo* humano, às suas teorias, que promovem a desvalorização do modo de pensar trágico. Sócrates e Platão são apresentados como sintomas de caducidade, instrumentos da dissolução grega, como pseudo-gregos, como antigregos. Suas concepções metafísicas são descritas como uma decorrência *necessária* de estruturas instintivas, de um certo desenho das vontades de potência expresso no caráter desses pensadores.

Os dois capítulos seguintes, "A 'razão' na filosofia" e sua seqüela "Como o verdadeiro 'mundo' acabou por tornar-se fábula", contêm, provavelmente, o mais completo e sucinto sumário da concepção de Nietzsche sobre o "platonismo" e sobre as distintas formas que este tomou ao longo da história da filosofia ocidental. Nietzsche oferece uma descrição desse processo em seis etapas, cujo passo inicial remonta à distinção platônica entre mundo das aparências ("imperfeito") e mundo das idéias ("verdadeiro").

A seguir, delineia, em breves linhas e metaforicamente, as transformações do platonismo no seu trânsito pelo cristianismo, por Kant e o idealismo alemão, pelo cientificismo do século XIX, pelo niilismo antimetafísico e, finalmente, pela promessa de sua superação, anunciada por Zaratustra.

O Anticristo: imprecação contra o cristianismo assenta-se na idéia de que o cristianismo incorpora e aprofunda, em uma forma e conteúdo acessíveis ao homem comum, o pressuposto platônico da desvalorização do mundo natural. O cristianismo agrega ao platonismo a noção de culpa pessoal insanável — o pecado —, intensificando a repulsa pelo corpo e por todas as formas de auto-afirmação humanas. O cristianismo é criticado como a mais profunda influência sobre a cultura ocidental, desacreditada pelo niilismo no século XIX, mas ainda assim assombração perigosa que permanece viva, quer pela influência que lhe resta sobre a moral, quer pelos obstáculos que a sobrevivência de seus conceitos enfraquecidos opõem ao surgimento de um sistema de valores fundado em novos pressupostos.

Ecce homo: como alguém se torna o que é (1888), ultimo escrito que Nietzsche preparou para publicação, é ao mesmo tempo um comentário do autor sobre seus trabalhos mais importantes e um esboço de autobiografia intelectual. Embora se discuta se a saúde declinante de Nietzsche afetou a substância desse livro, não resta dúvida de que, na sua maior parte, ele reproduz com brilho o estilo e as idéias do pensamento prévio do autor.

A parte central do livro apresenta a gênese da composição, as motivações e a relevância de cada um de seus livros, desde *O nascimento da tragédia* até *O caso Wagner*. O capítulo final, "Por que sou um destino", resume o que constitui, no entender de Nietzsche, a intenção maior e o mérito permanente de sua obra: ter, com sua crítica da moral cristã e sua nova moral da saúde e do apreço à vida, "dinamitado" as fontes da doença e da miséria espiritual da civilização ocidental.

A seção autobiográfica, composta pelos quatro primeiros capítulos ("Por que sou tão sábio", "Por que sou tão inteligente", "Por que escrevo tão bons livros" e "Por que sou um destino"), atribui a sabedoria do autor à sua sensibilidade para com as nuances da doença e da saúde: "Da ótica da doença ver conceitos e valores mais sãos, e inversamente, da plenitude e certeza da vida *rica* descer os olhos ao secreto lavor do instinto de *décadence* — este foi meu mais longo exercício, minha verdadeira experiência; se em algo vim a ser mestre, foi nisso." A inteligência, Nietzsche a deve à sua capacidade de escolher a alimentação, o clima, o lugar e a distração adequados à preservação de seus instintos — isto é, a sua saúde e a seu respeito pelas exigências naturais da existência.

Por fim, o valor de seus "tão bons livros", acessíveis aos que "têm afinidade com a *altura* do querer", deriva dos "verdadeiros êxtases do aprender" que os seus escritos proporcionam, de cuja leitura o leitor volta "mais rico de si mesmo, mais novo do que nunca ... cheio de uma nova vontade e energia..." Em suma, com uma "nova saúde".

Friedrich Nietzsche não examinou as provas finais de *Ecce homo*. Sua estado mental, que vinha se deteriorando acentuadamente desde 1887, entrou em colapso no início de 1889. No dia 3 de janeiro, ao sair de sua residência em Turim, viu um cocheiro chicotear um cavalo. Com um grito, Nietzsche agarrou-se firmemente ao pescoço do animal, e a seguir desfaleceu, inconsciente. Levado de volta a seus aposentos, ao recuperar a consciência escreveu bilhetes a diferentes amigos, em todos revelando insanidade e perda de contato com a realidade.

A Peter Gast escreveu: "Ao meu maestro Pietro. Cante-me uma nova canção: o mundo se transfigurou e todos os céus se rejubilam. [assinado] O Crucificado." A Jacob Burckhardt, o historiador, anunciou: "... em última instância eu preferia ter sido professor em Basiléia a ser Deus, mas não ousei levar meu egoísmo privado tão longe, a ponto de descuidar-me da criação do mundo."

Alertado por Burckhardt, Franz Overbeck viajou a Turim e encontrou Nietzsche insano. O filósofo foi levado para um hospital em Basiléia e dali para um asilo em Iena. Mais tarde passou a viver sob os cuidados da mãe, em Naumburg.

Durante alguns anos oscilou entre um comportamento pacífico, e mesmo gentil, e ataques de fúria. Capaz de reconhecer os familiares e os amigos que o visitavam e entreter conversação com as pessoas próximas, não guardava lembrança do que fora, do que pensara e do que lhe acontecera. Com o passar dos anos foi acometido de paralisia e deixou progressivamente de reagir a estímulos externos.

Após a morte da mãe, sua irmã Elizabeth, que passou então a deter os direitos relativos às obras de Nietzsche, transferiu-o, já irrecuperavelmente inválido, para aposentos na sede dos Arquivos Nietzsche em Weimar, instituição por ela criada e dirigida. Ali faleceu Friedrich Wilhelm Nietzsche em 25 de agosto de 1900, aos 56 anos de idade, após 12 anos em estado de total eclipse mental. A ele se aplicam os versos que Rilke dedicou a Baudelaire:

> Somente o poeta juntou as ruínas
> de um mundo desfeito e de novo o fez uno.
> Deu fé da beleza nova, peregrina,
> e embora celebrando a própria má sina,
> purificou, infinitas, as ruínas:
> Assim o aniquilador tornou-se mundo.

Seleção de textos

As traduções abaixo foram feitas com a intenção de ilustrar a prosa e o pensamento de Nietzsche para o leitor que pela primeira vez se defronta com seus escritos. Os *itálicos* são do próprio Nietzsche. As numerosas expressões entre colchetes, também em *itálico*, foram *acrescentadas* pelo tradutor a fim de facilitar o entendimento do texto ou para *sugerir* associações presentes no texto original.

Carta a Erwin Rohde, 15 de julho de 1882

... Agora tenho um plano de estudos próprio e por trás dele um objetivo secreto pessoal, ao qual está *consagrado* o restante de minha vida. Digo-te em confiança, velho camarada: para mim é difícil viver se não o fizer em *grande estilo*. Sem um objetivo que fosse indizivelmente importante para mim, eu não teria podido manter-me na luz e *sobre* as águas escuras. Esta é, na verdade, minha única desculpa para o gênero de literatura que faço desde 1876: é a minha receita e o remédio por mim mesmo preparado contra o tédio [*fastio*] da vida. Que anos! Que dores [*e aflições*] intermináveis! Que perturbações internas, revoluções, isolamentos! Quem *terá* suportado tanto como eu? ... E se me encontro hoje *por sobre tudo isso,* com a alegria [*contentamento*] de um vencedor e carregado de novos e difíceis planos — e, dado que me conheço, na perspectiva de novos, mais penosos e ainda mais íntimos sofrimentos e tragédias *e com o ânimo de fazer frente a eles!* — então ninguém deve levar a mal que eu forme uma idéia positiva a respeito de meu remédio. *Mihi ipsi scripsi*[1] — e há que insistir nisso; e cada um deve fazer para si, à sua maneira, o *seu* melhor —, essa é a minha moral: a única que ainda me resta. ...... Eu fui em todos os aspectos [*as dificuldades*] meu próprio médico e como alguém que nada considerou em separado, tratei a alma, o espírito e o corpo de uma só vez [*ao mesmo tempo*] e com os mesmos meios. Concedo que outros possam *perecer* com esses meus meios: por isso, não há nada que eu zele tanto como prevenir isso em mim. [*Cartas*, WDB, III, p.1184]

Os "aperfeiçoadores" da humanidade

§1 É conhecida a exigência que faço ao filósofo: que se coloque *para além* do bem e do mal — que tenha *abaixo de si* a ilusão do juízo moral. Essa exigência deriva de uma compreensão alcançada e formulada pela primeira vez por mim: *não existem*, [*de modo nenhum,*] *fatos morais.* O juízo moral tem em comum com o juízo religioso o crer em realidades que não existem como tais. A moral é somente uma interpretação de certos fenômenos, ou, para falar mais precisamente, uma *falsa* interpretação. O juízo moral, tal

---

1 "Escrevi para mim mesmo". Em latim no original.

como o religioso, pertence a um nível de ignorância que ainda carece do conceito de real, da distinção entre real e imaginário; de modo que, em tal nível, "verdade" designa coisas que hoje chamamos de "fantasias" [*quimeras*]. Nessa medida, o juízo moral não deve jamais ser tomado literalmente: enquanto tal, ele sempre contém somente um contra-senso. Mas enquanto *semiótica* conserva um valor inestimável: revela, pelo menos ao que sabe, as realidades mais valiosas das civilizações e interioridades [*sensibilidades*] que não sabiam o bastante para "compreenderem-se" a si mesmas. A moral é apenas uma linguagem simbólica, uma mera sintomatologia: deve-se, desde logo, saber *do que* se trata, para dela tirar proveito. [*O crepúsculo dos ídolos*, KSA, 6, p.98]

Aforismo incluído em *A vontade de potência*, I

§10 Mas entre as forças que a moral cultivou estava [o *impulso à*] *a veracidade*: esta acabou por voltar-se contra a moral, descobrir sua *teleologia*, seu ponto de vista *interessado* — e agora seu *discernimento* [*sua compreensão*] a respeito dessa mentira [*da moral*], por tanto tempo feita carne e da qual queremos, com desespero, nos libertar, opera precisamente como um estimulante. Constatamos em nós mesmos, implantadas pela prolongada interpretação moral, necessidades subjetivas que nos aparecem agora como exigências de não-verdade: de outra parte, essas são as necessidades subjetivas às quais o valor parece vinculado e graças às quais suportamos viver. Desse antagonismo — o que conhecemos, *não* apreciamos [*valorizar*] e aquilo a respeito do qual gostaríamos de nos iludir [e] não nos é mais *permitido* apreciar [*valorizar*] — resulta um processo de decomposição [*dissolução*] ... [*Escritos póstumos dos anos oitenta*, WDB, III, p.853]

A vontade de potência[2], Prefácio

§2 O que eu narro é a história dos próximos dois séculos. Eu descrevo o que virá, o que não pode deixar de vir: *a maré montante do niilismo*. Essa história já pode ser contada, pois, neste caso, a própria necessidade está em ação. Esse futuro já fala através de signos, essa fatalidade se anuncia por toda a parte; para essa música do futuro todos os ouvidos já estão afinados [*aguçados*]. Toda a nossa civilização européia se agita de há muito tempo sob uma pressão torturante, que cresce a cada dez anos, como se desencadeasse uma catástrofe: inquieta, violenta, precipitada, como uma corrente que quer chegar ao fim de seu curso, que já não reflete sobre si mesma, que tem medo de refletir.

§4 Pois é preciso não enganar-se sobre o sentido do título com o qual o evangelho do futuro quer ser designado — *A vontade de potência, ensaio de uma transmutação de todos os valores* — com essa fórmula se expressa um *contramovimento*, a propósito do princípio e da tarefa; um movimento que,

---

2 O livro intitulado *A vontade de potência* não foi publicado por Nietzsche, mas organizado por sua irmã, Elizabeth Förster Nietzsche, após o colapso mental do filósofo, a partir de uma seleção pouco criteriosa do material constante de seus escritos não-publicados do período 1883-1888.

em um futuro qualquer substituirá esse niilismo completo, mas que o pressupõe, lógica e psicologicamente; que não pode vir *senão depois dele e por intermédio dele*. Por que, pois, a chegada do niilismo é daqui em diante *necessária*? Porque são os nossos próprios valores, em vigor até hoje, que, no niilismo, extraem de si mesmos as suas últimas conseqüências. Porque o niilismo é a lógica de nossos grandes valores e ideais levada às últimas conseqüências [*pensada até o fim*], — porque precisamos primeiro viver [*passar pelo*] o niilismo para descobrir qual foi verdadeiramente o valor desses "valores".... Algum dia teremos necessidade de *novos valores* ... [*Escritos póstumos dos anos oitenta*, WDB, III, p.634-5]

A vontade de potência, livro I

§2 O niilismo representa um *estado* patológico *intermediário* (— patológica é a generalização monstruosa, a conclusão de que *nada tem sentido* —): seja porque as forças produtivas [*criadoras*] ainda não são suficientemente fortes, seja porque a *décadance*[3] ainda vacila e os seus meios auxiliares ainda não foram inventados.

Pressuposto dessa hipótese: — que não existe *nenhuma verdade*; que não existe nenhum estado [*condição*] absoluto das coisas, que não há "coisa em si". *Isso é o próprio niilismo e na verdade o niilismo mais extremo.* Ele coloca *o valor* das coisas precisamente no fato de que o valor dessas coisas não corresponde e não correspondeu [*nunca a*] *nenhuma* reali-

---

3   Em francês no original.

dade, senão que esses valores são apenas um sintoma da força que acompanha os que *atribuem* [*fixam*] *valores*, uma simplificação *para os fins da vida*. [*Escritos póstumos dos anos oitenta*, WDB, III, p.557]

A razão na filosofia

§6 ... *Primeira proposição*. As razões pelas quais "este" mundo foi caracterizado como aparente são, ao contrário, as [*mesmas*] que estabelecem [*provam*] sua realidade — uma *outra* espécie [*tipo*] de realidade é absolutamente indemonstrável.

Segunda proposição. As características que foram atribuídas ao "verdadeiro ser" das coisas são características do não-ser, do nada — o "verdadeiro mundo" foi construído por contraposição ao mundo real [*efetivamente existente*]: de fato um mundo aparente, na medida em que é meramente uma ilusão ótica-moral.

Terceira proposição. Inventar fábulas sobre um "outro" mundo que não este [*efetivamente existente*] não tem nenhum sentido, a menos que pressuponhamos que em nós existe, poderoso, um instinto de difamação, apequenamento [*depreciação*], suspeita, dirigido contra a vida. Nesse caso, nós nos vingamos da vida com a fantasmagoria de uma "outra" e "melhor" vida.

Quarta proposição. A divisão do mundo em um mundo "verdadeiro" e um mundo "aparente", seja à maneira do cristianismo, seja à maneira de Kant (afinal de contas, um cristão *dissimulado*), é somente uma sugestão da *décadance* — um sintoma da vida *em declínio* ... Que o artista estime a aparência mais do que a realidade não é uma objeção contra essa proposição. Pois, neste caso, "aparência" significa *uma vez mais* realidade, mas como [*resultado de*] uma escolha, uma acentuação, uma correção ... O artista trágico não é um pessimista — é precisamente ele que diz *sim* a tudo que é questionável e mesmo ao terrível — ele é *dionisíaco* ... [*O crepúsculo dos ídolos*, KSA, 6, p.78-9]

O bem e a força, o mal e a fraqueza[4]

§2 O que é bom? — tudo que intensifica [*faz crescer*] no homem o sentimento de potência, de vontade de potência, a própria potência. O que é mau? — tudo aquilo que provém da fraqueza. O que é felicidade? — o sentimento de que a potência se intensifica, que uma resistência é superada [*subjugada*]. *Não* contentamento, porém mais potência; *não* paz, mas guerra; *não* virtude, mas valor [*competência, eficiência, firmeza, energia*] (virtude no sentido do Renascimento, *virtú*, virtude livre da influência da moralidade).

Os fracos e os fracassados devem perecer: primeiro princípio do nosso amor ao ser humano [*filantropia*]. E deve-se mesmo ajudá-los nisso. O que é mais nocivo que qualquer vício? A compaixão [*piedade*] ativa por todos os fracassados e fracos — o cristianismo ...

§3 O problema que eu coloco aqui não é o do que deve substituir a humanidade na sucessão dos seres [*dotados de espírito*] (— o ser humano é um *fim* —): mas que tipo de

---

4 Título acrescentado pelo tradutor.

ser humano deve ser *cultivado*, deve ser desejado [*objeto da vontade*], como o mais pleno de valores, mais mercedor da vida, mais dotado de futuro.

Esse tipo humano mais pleno de valor já apareceu com freqüência [*no passado*]: mas como um acaso feliz, como uma exceção, nunca como *resultado da vontade*. Pelo contrário, ele foi precisamente o tipo mais temido — até aqui ele foi *o* temível; e em decorrência do temor o tipo oposto foi desejado, cultivado, *alcançado*: o animal doméstico, o animal de rebanho, o animal doente — o cristão ... [*O Anticristo*, KSA, 6, p.170]

Nosso direito à insensatez

§108 Como se deve agir? Com que finalidade se deve agir? No que toca às maiores e mais grosseiras necessidades do indivíduo é bastante fácil responder a essas perguntas, mas quando ascendemos aos domínios mais sutis, mais amplos [*menos restritos*] e mais importantes da ação, tanto mais incerta se torna a resposta e, conseqüentemente, mais arbitrária. Ora, sobretudo aqui a arbitrariedade deve ser excluída das decisões! — assim o exige a autoridade da moral: uma angústia e um temor obscuros devem prontamente guiar o ser humano naquelas ações cujos fins e meios são para ele menos *imediatamente* claros. Essa autoridade da moral põe entraves ao pensamento naquelas matérias em que poderia ser perigoso pensar de maneira *falsa* [*equivocada, errônea*]: desse modo costuma a moral justificar-se frente a seus acusadores. Falso: aqui isso quer dizer "perigoso" — mas perigoso para quem? De hábito não é propriamente o perigo enfrentado pelo autor da ação que os titulares [*portadores*] da moral autoritária têm em vista, mas o perigo que *eles mesmos* correm, o eventual dano a seu poder e prestígio, a partir do momento em que reconhecemos em todos o direito de comportar-se arbitrária e insensatamente, segundo a própria razão, grande ou pequena. De sua parte, fazem uso sem vacilar do direito à arbitrariedade e à insensatez — eles ordenam, mesmo no caso em que as perguntas: "como devo agir? com que finalidade devo agir?" mal possam, ou apenas com grande dificuldade, ser respondidas. E se a razão humana cresce com lentidão tão extraordinária que, com freqüência, se torna possível negar a existência desse crescimento na trajetória geral da humanidade — a quem atribuir a culpa [*responsabilidade*] senão a essa presença solene, até mesmo onipresença, dos mandamentos morais que não permitem que a questão *individual* pelo "com que finalidade?" e "de que modo?" chegue a ser formulada [*pelo indivíduo*]. Por acaso, não somos educados para *experimentar sentimentos patéticos* e refugiar-nos no obscuro, precisamente quando a razão deveria visar [*ver*] com a maior clareza e frieza possíveis? Isto é: em todas as matérias elevadas e importantes. [*Aurora*, KSA, 3, p.94-5]

A minha doutrina[5], outono 1881, 11 [163]

... A minha doutrina diz: a [*tua*] tarefa [*enquanto ser humano*] consiste em viver de tal maneira que queiras viver [*tua*

---

5 Título aditado pelo tradutor.

vida] novamente — *de qualquer modo*, tu a viverás [*de novo*]! A quem o esforço [*de lutar*] por algo desperta o sentimento mais elevado, que se esforce; a quem o descanso desperta o sentimento mais elevado, que descanse; a quem ordem, continuidade e obediência despertam o sentimento mais elevado, que obedeça. Que ele *possa* ter consciência *do que* lhe desperta o mais elevado sentimento e não economize nenhum meio [*para alcançá-lo*]! Está em jogo a eternidade! [*Fragmentos póstumos*, KSA, 9, p.505]

Cronologia das obras de Nietzsche

1869-71	*O nascimento da tragédia*
1873-76	*Considerações extemporâneas*
1876-79	*Humano, demasiado humano*
1880-81	*Aurora*
1881-82	*A gaia ciência*
1882-85	*Assim falou Zaratustra*
1885-86	*Além do bem e do mal*
1887	*A genealogia da moral*
1888	*O caso Wagner* *O crepúsculo dos ídolos* *O Anticristo* *Ecce homo* *Nietzsche contra Wagner*

Referências e fontes

• As citações de Nietzsche foram extraídas da coletânea de escritos intitulada *Obras incompletas* (Abril Cultural, col. Os Pensadores) ou dos textos de Nietzsche publicados pela Companhia das Letras. Os textos não publicados em português foram traduzidos da edição Colli/Montinari, *Kritische Studienausgabe*, Berlim, Walter de Gruyter, 1988 (KSA), ou da edição das obras de Nietzsche organizada por Karl Schlechta, *Werke in drei Bänder* (WDB), Munique, Wissenschaftliche Buchgesellschaft, 1954.

• Os dados biográficos de Nietzsche foram extraídos de Curt Paul Janz, *Nietzsche*, Paris, Gallimard, 1984/5, 3 vols.; R.J. Hollingdale, *Nietzsche, The Man and His Philosophy*, Baton Rouge, Lousiana State University Press, 1965, e Rüdiger Safranski, *Nietzsche, Biografia de uma tragédia*, São Paulo, Geração Editorial, 2001.

• Página 40: sobre a vontade de potência, ver Gilles Deleuze, *Nietzsche e a filosofia*, capítulo II, §11.

• A citação da página 55 está em Rainer Maria Rilke, *Poemas*, tradução de José Paulo Paes, São Paulo, Companhia das Letras, 1993, p.174.

Leituras recomendadas

O leitor com pouco ou nenhum conhecimento da obra de Nietzsche deve começar pela leitura da excelente coletânea de textos (selecionados por Gérard Lebrun e brilhantemente traduzidos por Rubens Rodrigues Torres Filho) — *Nietzsche — Obras incompletas*, São Paulo, Abril Cultural, 1974, reimpressa diversas vezes.

Traduções integrais e competentes das obras de Nietzsche poderão ser consultadas nas edições publicadas pela Companhia das Letras (São Paulo) coordenadas e, com uma exceção, traduzidas por Paulo César de Souza: *Além do bem e do mal*, 1992; *O caso Wagner / Nietzsche contra Wagner*, 1999; *Ecce homo*, 1995; *Genealogia da moral*, 1998; *Humano, demasiado humano*, 2000; *O nascimento da tragédia ou Helenismo e pessimismo*, 1992; *A gaia ciência*, 2001. O leitor poderá consultar *Assim falou Zaratustra*, Rio de Janeiro, Bertrand do Brasil, 6ª ed., 1989 e *O crepúsculo dos ídolos*, Rio de Janeiro, Relume Dumará, 2000.

Outros títulos, para os quais não há tradução brasileira aceitável, podem ser consultados na edição das obras de Nietzsche coordenada por António Marques para a Editora Relógio D'Água, Lisboa (*Considerações extemporâneas* e *Aurora*), ou nas traduções de Artur Morão para as Edições 70, Lisboa (*A filosofia na idade trágica dos gregos* e *O Anticristo*).

Sobre Nietzsche

Para o leitor iniciante:

Oswaldo Giacoia Junior. *Nietzsche*, São Paulo, Publifolha, 2000.

Scarlett Marton. *Nietzsche, A transvaloração dos valores*, São Paulo, Moderna, 1993.

Paul Strathern. *Nietzsche em 90 minutos*, Rio de Janeiro, Jorge Zahar, 1997.

Apresentações mais técnicas de aspectos do pensamento de Nietzsche:

Roberto Machado, *Nietzsche e a verdade*, Rio de Janeiro, Rocco, 1984.

Scarlett Marton. *Nietzsche, das forças cósmicas aos valores humanos,* São Paulo, Brasiliense, 1990.

Mário Vieira de Mello. *Nietzsche, o Sócrates de nossos tempos*, São Paulo Edusp, 1993.

Interpretações clássicas:

Eugen Fink. *A filosofia de Nietzsche*, Lisboa, Presença, s/d.

Gilles Deleuze. *Nietzsche e a filosofia*, Porto, Rés, s/d.

Outras obras de interesse:

Michel Henry. *A morte dos deuses — vida e afetividade em Nietzsche*, Rio de Janeiro, Jorge Zahar, 1986.

Pierre Héber-Suffrin. *O "Zaratustra" de Nietzsche*, Rio de Janeiro, Jorge Zahar, 1991.

Roberto Machado. *Zaratustra, tragédia nietzschiana*, Rio de Janeiro, Jorge Zahar, 1997.

Wolfgang Müller-Lauter. *A doutrina da vontade de poder em Nietzsche*, São Paulo, Annablueme, 1997.

Sobre o autor

Nelson Boeira é professor adjunto de filosofia política e ética no Departamento de Filosofia da Universidade Federal do Rio Grande do Sul. Bacharel em filosofia, é mestre em sociologia pela New School for Social Research e doutor em história pela Universidade de Yale. Publicou trabalhos sobre Augusto Comte, Max Weber e John Ralws.

Coleção **PASSO-A-PASSO**

Volumes recentes:

CIÊNCIAS SOCIAIS PASSO-A-PASSO

Cultura e empresas [10],
Lívia Barbosa

Relações internacionais [11],
Williams Gonçalves

Rituais ontem e hoje [24],
Mariza Peirano

Capital social [25],
Maria Celina D'Araujo

Hierarquia e individualismo [26],
Piero de Camargo Leirner

Sociologia do trabalho [39],
José Ricardo Ramalho e
Marco Aurélio Santana

O negócio do social [40],
Joana Garcia

Origens da linguagem [41],
Bruna Franchetto e Yonne Leite

FILOSOFIA PASSO-A-PASSO

Adorno & a arte contemporânea [17],
Verlaine Freitas

Rawls [18], Nythamar de Oliveira

Freud & a filosofia [27], Joel Birman

Platão & A República [28],
Jayme Paviani

Maquiavel [29], Newton Bignotto

Filosofia medieval [30],
Alfredo Storck

Filosofia da ciência [31],
Alberto Oliva

Heidegger [32], Zeljko Loparic

Kant & o direito [33], Ricardo Terra

Fé [34], J.B. Libânio

Ceticismo [35], Plínio Junqueira Smith

Schiller & a cultura estética [42],
Ricardo Barbosa

Derrida [43], Evando Nascimento

Amor [44], Maria de Lourdes Borges

Filosofia analítica [45],
Danilo Marcondes

Maquiavel & O Príncipe [46],
Alessandro Pinzani

A Teoria Crítica [47], Marcos Nobre

PSICANÁLISE PASSO-A-PASSO

A interpretação [12], Laéria B.
Fontenele

Arte e psicanálise [13], Tania Rivera

Freud [14], Marco Antonio Coutinho
Jorge e Nadiá P. Ferreira

Freud & a cultura [19], Betty B. Fuks

Freud & a religião [20],
Sérgio Nazar David

Para que serve a psicanálise? [21],
Denise Maurano

Depressão e melancolia [22],
Urania Tourinho Peres

A neurose obsessiva [23],
Maria Anita Carneiro Ribeiro

Mito e psicanálise [36],
Ana Vicentini de Azevedo

O adolescente e o Outro [37],
Sonia Alberti

A teoria do amor [38],
Nadiá P. Ferreira